K탐정의 척척척 대한민국
3 김반듯의 월급이 사라졌다?

글 양화당

햇살 좋은 사무실에서 어린이책을 기획하고 집필하는 일을 하고 있습니다.
어린이들이 재미있게 읽으면서도 마음의 양식으로 삼을 수 있는 따뜻하고
영양가 있는 책을 많이 쓰고 만드는 게 꿈이랍니다.
쓴 책으로는 <새콤달콤 열 단어 과학 캔디>, <보글보글 열 단어 한국사 라면> 시리즈가 있습니다.

그림 허현경

고양이 준이와 젠과 살고 있습니다. 그림이 좋아서 일러스트레이터로 활동하며
어린이책과 잡지에 다양한 그림을 그리고 있습니다.
그린 책으로는 『오디세우스의 모험 일지』, 『야옹 의사의 몸 튼튼 비법 노트』,
『더 좋은 세상을 만든 착한 발명』, 『오늘부터 공부 파업』 등이 있습니다.

감수 박훈

세금 전문가로 서울시립대 세무학과 교수로 재직하고 있습니다.
서울대 법대를 졸업하고 같은 학교 대학원에서 석사와 박사 학위를 받았으며,
국세청 납세자보호관(국장), 조세심판원 조세심판관(비상임),
기획재정부 세제발전심의위원회 위원 등을 지냈습니다.

K탐정의 척척척 대한민국 3
김반듯의 월급이 사라졌다?

초판 1쇄 발행 2023년 2월 27일 | 초판 7쇄 발행 2025년 6월 9일
글 양화당 | 그림 허현경 | 감수 박훈

발행인 윤승현 | 편집장 안경숙 | 편집관리 윤정원 | 편집 황지영 | 디자인 권은영
마케팅 정지운, 박현아, 원숙영, 김지윤, 황지영 | 제작 신홍섭

펴낸곳 (주)웅진씽크빅 | 주소 경기도 파주시 회동길 20 (우)10881
문의 전화 031)956-7523(편집), 031)956-7569, 7570(마케팅)
홈페이지 www.wjjunior.co.kr | 블로그 blog.naver.com/wj_junior
트위터 @new_wjjr | 인스타그램 @woongjin_junior
출판신고 1980년 3월 29일 제406-2007-00046호 | 제조국 대한민국 | 사용연령 7세 이상

글 ⓒ 양화당, 2023 | 그림 ⓒ 허현경, 2023
저작권자와 맺은 특약에 따라 검인을 생략합니다.

ISBN 978-89-01-26889-7 74300 · 978-89-01-25830-0(세트)
*잘못 만들어진 책은 바꾸어드립니다.

웅진주니어는 (주)웅진씽크빅의 유아·아동·청소년 도서 브랜드입니다.
저작권법에 의해 한국 내에서 보호를 받는 저작물이므로 무단 전재와 무단 복제를 금지하며,
이 책 내용의 전부 또는 일부를 이용하려면 반드시 저작권사와 (주)웅진씽크빅의 서면 동의를 받아야 합니다.

⚠️주의
1. 책 모서리가 날카로워 다칠 수 있으니 사람을 향해 던지거나 떨어뜨리지 마십시오. 2. 보관 시 직사광선이나 습기 찬 곳은 피해 주십시오.

K탐정의 척척척 대한민국

양화당 글 | 허현경 그림

3 김반듯의 월급이 사라졌다?

웅진주니어

K탐정 프로필

나이: 13세
학력: 어린이 탐정학교 수석 졸업
장래 희망: 셜록 홈스를 뛰어넘는 명탐정
특기: 최소한의 실마리로 사건 해결하기
취미: 사람 관찰하기

어느 날 난 할아버지 댁 벽장에서 오래된 갓을 발견했어.
갓을 머리에 쓰자 갑자기 아이큐 급상승!
난 새로운 능력을 좋은 데에 쓰기 위해
탐정 사무소를 열었어. 앞으로 나를 대한민국
대표 탐정이라는 뜻으로 K탐정이라고 불러 줘.

오 마이 갓 백과 소득이란? ·16
K탐정의 세계 탐구 1인당 국민 소득이 많은 나라는 어딜까? ·20

오 마이 갓 백과 세금이란? ·34
K탐정의 세계 탐구 창문에 세금을 매긴다고? ·44

오 마이 갓 백과 부가 가치세란? ·51
K탐정의 세계 탐구 우리는 하나야! 유럽 연합(EU) ·60

**4장
세금으로 뭘 해?**
62

오 마이 갓 백과 공공재란? ·71
K탐정의 세계 탐구 별별 일에 쓰이는 세금 ·76

**5장
세금에도 계획이 필요해!**
78

오 마이 갓 백과 나라 예산이란? ·83
K탐정의 세계 탐구 세금으로 되살아난 동물원 ·90

**6장
나라에서 돈을 준다고?**
92

오 마이 갓 백과 연금이란? ·98

1장 소득이 뭐야?

흠흠, 난 뭐든지 척척 해결하는 K탐정.
날 알아주는 사람이 있다니, 기분이 좋은걸.
근데 뭘 도와 달라고?

수제자는 여러 제자 중에서 가장 뛰어난 제자를 말하지.
나처럼 잘생겼거나 머리가 좋거나, 뭔가가 뛰어나야 해.

음, 그렇다면 모집 공고를 내는 게 좋겠어.

사람들은 다양한 일을 하며 살아.

이렇게 열심히 일해서 번 돈을 '소득'이라고 하는 거야.

정확히 말하면, 공부나 노는 건 일이 아니야.
보통 소득이 있어야 일이라고 부르지.

소득과 관련된 중요한 사실을 하나 더 알려 줄게.
소득은 경제를 움직이는 에너지야.
그게 무슨 뜻이냐고?

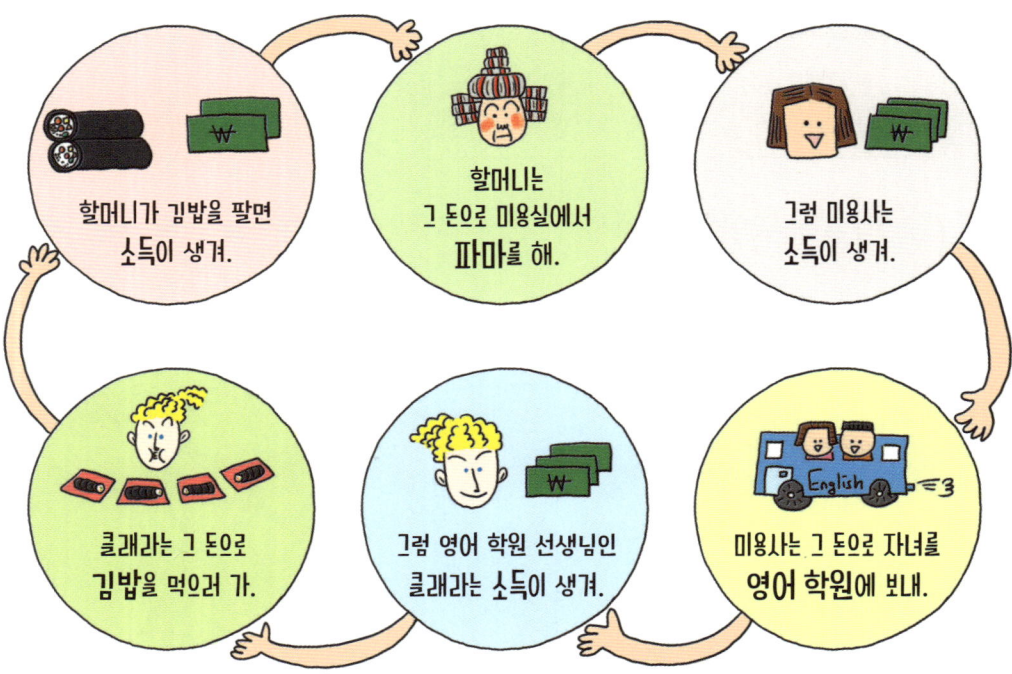

이렇게 소득이 돌고 돌아 경제생활이 유지되는 거야.
소득이 없다면, 우리의 경제는 바로 멈춰 버릴걸.
그러니까 소득은 에너지 맞지?

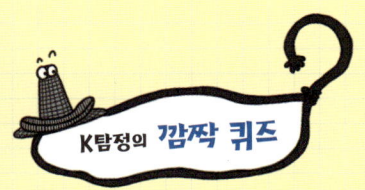

만 15세가 되기 전에는 일을 할 수 없어. 어린이가 힘든 일을 하느라 잘 자라지 못할까 봐 이렇게 법으로 정했지. 만 15세가 넘어도 성인이 아니면, 하루에 7시간 이상 일할 수 없어.

은행은 고객이 저금한 돈을 필요한 사람들에게 빌려주고 이자를 받아. 그리고 그 이자 중 일부를 저금한 고객에게 주는데 이걸 이자 소득이라고 해. 그래서 어린이도 저금을 하면 소득이 생긴단다.

1인당 국민 소득이 많은 나라는 어딜까?

1년 동안 한 나라의 국민이나 기업, 정부에서 번 돈을 국민 수로 나눈 것이 1인당 국민 소득이야. 세계 여러 나라의 1인당 국민 소득을 살펴볼까?

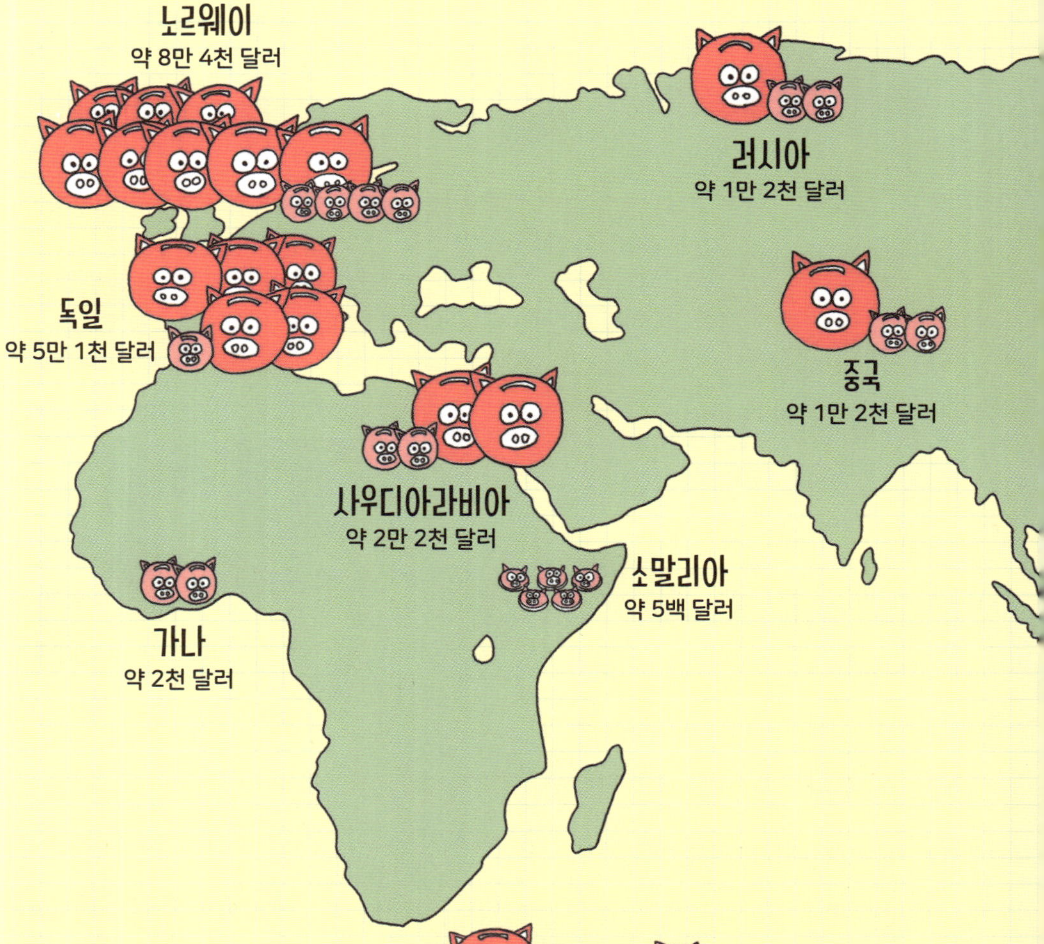

노르웨이 약 8만 4천 달러

러시아 약 1만 2천 달러

독일 약 5만 1천 달러

중국 약 1만 2천 달러

사우디아라비아 약 2만 2천 달러

소말리아 약 5백 달러

가나 약 2천 달러

*2021년 국가통계포털(KOSIS) 자료

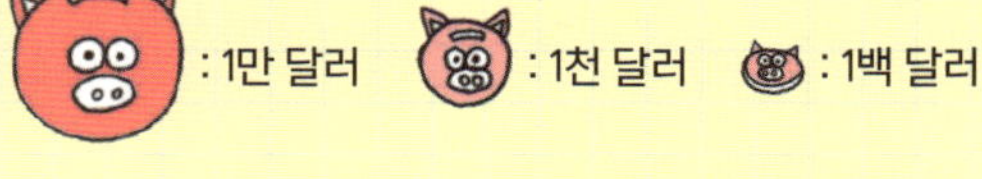

: 1만 달러   : 1천 달러   : 1백 달러

벌써 지원자가 왔다고?
역시 내가 붙인 모집 공고가
효과가 있군.

누굴 뽑으면 좋을까?
K탐정, 도와줘!

난 김밥을 정말 정말 사랑해.
꼭 할머니 수제자가 될래.

1

내 조수 일은 언제 하려고?
넌 탈락!

손큰할머니 김밥의 10년 단골!
나보다 손큰김밥을 더 좋아하는
사람 있으면 나와 보라고 해!

옆집 미용사

2

김밥 사랑은 통과! 음,
미용사니까 소득은 있겠군.

흠, 이제야 내 진짜 실력을 발휘할 수 있겠군. 지금부터 날카로운 내 추리를 감상해 보라고.

난 일도 돈도 없어요, 흑! 수제자로 뽑아 준다면, 정말 열심히 일할게요.

전국 맛집을 찾아다니느라 일할 틈이 없었어요. 맛집 중에서 여기 김밥이 최고예요!

일을 안 했으니, 통장으로 들어온 소득도 없군.

김밥 얘기는 한마디도 없어. 소득이 없을 텐데, 옷은 너무 비싸 보이고. 음, 저 강아지는 어디서 봤더라?

알았다, 왕눈이 분식의 강아지야.
당신은 왕눈이 분식의 사장, 왕까칠이지?

왕까칠은 할머니의 비법을 몰래 알아낼 속셈이었어.
그럼 남은 건 두 사람!
둘 다 김밥을 좋아하기는 하지만
소득이 없는 사람을 우대한다고 했으니까,

2장

내가 번 돈을 나라가 가져간다고?

뭐? 누가 통장에서 돈을 빼 갔다고?
이런 일이야말로 내 전문 분야지.
그런데 도대체 얼마나 빼 간 거야?

천만의 말씀! 손큰할머니는 나이가 일흔에 가깝지만,
아직 양쪽 시력이 1.5야.
절대 실수가 아니란 거지. 결론은 아주 간단해!
이건 할머니가 세금을 떼고 보낸 거야.

집안 살림을 할 때 돈이 필요한 것처럼
나라 살림을 할 때도 돈이 필요해.

이때 필요한 돈은 국민이 낸 세금으로 채우지.
그중 소득이 생겼을 때 내는 세금이 '소득세'야.

할머니가 김반듯 대신 내는 거야.
이렇게 소득이 생기자마자 세금을 떼면
김반듯은 세금 내는 걸 잊을까 걱정 안 해도 되지.
소득세 말고도 우리가 내는 세금은 많아.

대표적인 세금으로 어떤 게 있는지 볼까?

세금은 도대체 언제부터 냈을까?
세금이 처음 생겨난 이야기를 들어 볼래?

나라가 생기고 해야 할 일이 더 늘어나자,
세금이 점점 더 많이 필요해졌어.
그래서 세금을 내는 일이 국민의 5대 의무 중
하나인 '납세의 의무'가 되었지.

나라가 발전하고, 국민이 잘살려면
나라의 주인인 국민은 반드시 세금을 내야 해.

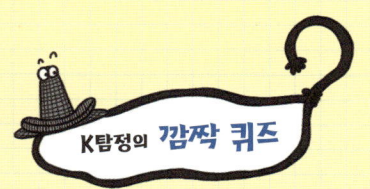

소나무가 납세의 의무를 진다고?

YES

경상북도 석평 마을에는 마을을 지켜 준다는 신령한 소나무가 있어. 마을에 살던 한 부자가 이 나무에 '석송령'이란 이름을 지어 주고 재산을 물려주었어. 그때부터 석송령은 나라에 세금을 내는 소나무가 되었지. 세금은 마을 사람들이 대신 내 주고 있단다.

세금이 없는 나라도 있어?

YES

모나코와 브루나이는 세금이 없어. 모나코는 관광으로 벌어들인 수입이 얼마나 많은지 세금을 걷지 않고 이 돈만으로 나라 살림을 한대. 브루나이 국민들은 세금뿐만 아니라 교육비, 연금도 내지 않아. 석유와 천연가스를 수출해 번 돈으로 나라 살림을 충분히 할 수 있거든.

세금을 정해진 날짜까지 내지 않으면 미룬 기간만큼 더 많은 금액을 내야 해.
그래도 안 내고 계속해서 미루면 나라에서 그 사람의 재산을 대신 팔아 세금을 내게 해. 또 세금을 습관적으로 내지 않는 사람은 출국이 금지되어 외국에 못 나가.

창문에 세금을 매긴다고?

옛날에는 지금은 상상하기 어려운 세금이 있었어.
영국에 있었던 창문세에 대해 알아볼까?

3장

물건값에 세금이 포함되어 있다고?

왜 나를 마트로 부른 거야?
설마 짐 들어 달라고 부른 건 아니겠지?

맞아. 하지만 물건을 살 때도 세금을 내야 해.
영수증에 있는 부가세가 바로 세금이야.
부가 가치세를 줄여서 부르는 말이지.

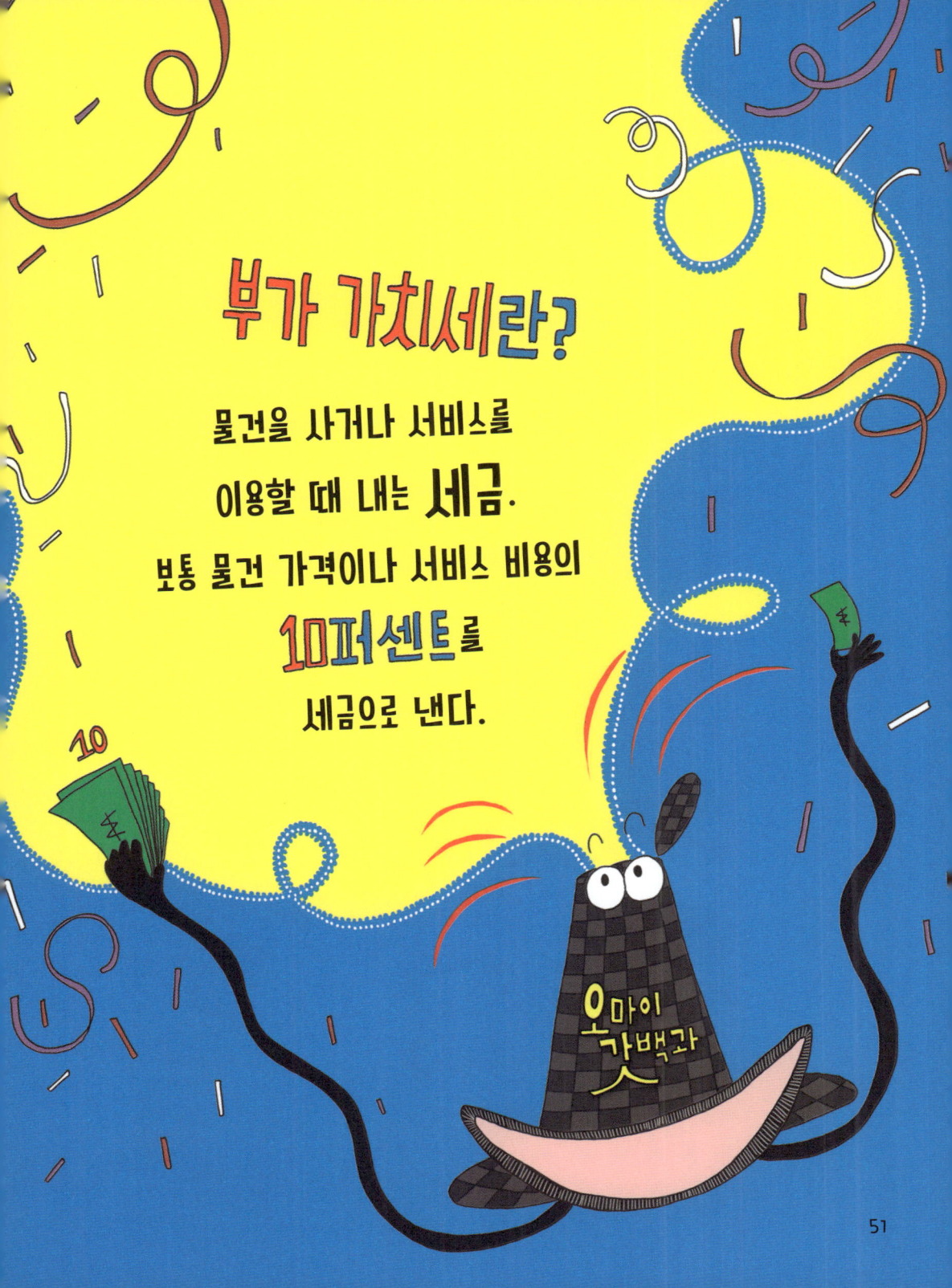

부가세는 물건값에 이미 포함되어 있어서 모르는 경우가 많아. 마트에서 1,100원에 산 아이스크림은 원래 가격이 1,000원이야. 여기에 마트 주인이 부가세 10퍼센트를 붙여서 1,100원에 파는 거야.

물건을 사는 사람은 어린이든 어른이든 소득이 많든 적든 똑같은 부가세를 내.

부가세가 안 붙는 물건도 있어.
우리나라 산업을 보호하기 위해 우리 땅과 바다에서 나는
식품류에는 세금을 매기지 않아.

그리고 국민들의 생활비 부담을 덜기 위해
생활에 꼭 필요한 물건과 서비스에도
세금을 매기지 않지.

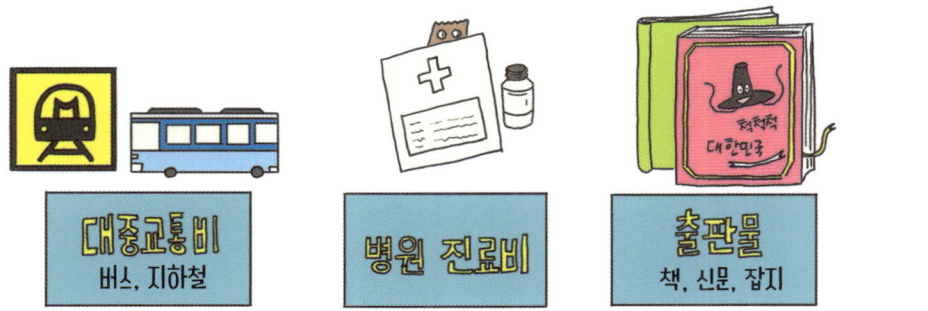

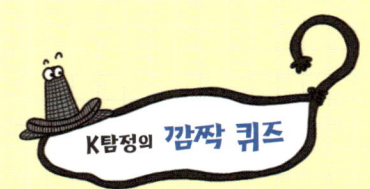

시내버스, 시외버스, 지하철처럼 많은 사람이 자주 이용하는 대중교통 이용료에는 부가세가 붙지 않아. 하지만 비행기, 배, 기차, 택시 등 요금이 비싼 교통수단에는 부가세가 붙어.

경품 텔레비전을 받으려면 부가세 대신 소득세를 내야 해. 일을 해서 번 건 아니지만 운이 좋아서 얻은 혜택도 소득이기 때문이야. 경품이 5만 원 이하면 세금을 내지 않아도 돼.

오스트레일리아 부츠를 우리나라에서 살 때
비싼 이유가 따로 있지.
해외에서 들여온 물건에는 비싼 세금이 붙기 때문이야.
이 세금을 관세라고 해.

관세를 붙이는 이유는 우리나라 산업을 보호하기 위해서야.

다른 나라도 마찬가지야. 다른 나라에서 파는 우리나라 라면도 관세가 붙어 비싸지.

우리는 하나야! 유럽 연합(EU)

나라와 나라 사이에 물건을 사고팔 때 관세를 낸다고 했지?
하지만 서로 관세를 내지 않는 나라들도 있어. 어떤 나라들인지 볼까?

여긴 프랑스, 독일, 이탈리아 등 여러 나라가 모여 있는 서유럽이야.

미국과 러시아 두 나라의 힘이 커지자 유럽의 나라들은 위기감을 느꼈어.

힘을 합치자!

1993년, 마침내 유럽은 유럽 연합(EU)으로 한데 모였어.

유럽 연합에 속한 나라들은 이제 하나입니다.

유럽 연합 내에서는 여권 없이 자유롭게 다닐 수 있게 됐어.

독일로 출근해요.

여권 없이 다니니 좋다.

새로운 화폐 '유로'도 만들어 같이 쓰게 되었지.

이탈리아 마트

같은 화폐를 쓰니 편하네.

돈을 바꾸는 수수료도 안 들고 좋아.

독일 사람

프랑스 사람

4장 세금으로 멀 해?

벚꽃 구경 갔는데 나뭇가지만 앙상하게 남아서
나 K탐정도 화났다고!

누가 이런 말도 안 되는 일을 저질렀는지
아주 샅샅이 파헤쳐 주지!

흔적은 왕눈이 분식 앞까지 이어져 있어.
그렇다면 범인은 왕까칠 사장이 분명해!
도대체 왜 이런 일을 벌인 거지?

공원 벤치와 벚나무, 소화전이 주인이 없다니.
천만의 말씀!
이것들은 모두가 함께 사용하는 공공재라고!

무지개 공원을 예로 들어 볼까?
공원의 넓은 땅, 분수, 공중화장실, 가로등,
벤치, 화단 등이 모두 공공재야.
이런 공공재는 대부분 국민이 낸 세금으로 만들어.
그러니까 공공재의 주인은 국민 모두인 셈이지.

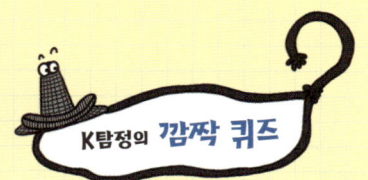

놀이공원은 여러 사람이 함께 이용하는 공원이지만, 국민이 낸 세금으로 지은 건 아니야. 기업이 돈을 벌기 위해서 만든 오락 시설이지. 많은 사람이 이용하는 극장, 백화점 등도 역시 기업이 돈을 벌기 위해 세운 거야.

공공재에 해당하는 시설이나 건물은 마음대로 가져가거나 망가뜨리면 안 돼. 벌금을 내거나, 심한 경우 감옥에 갈 수도 있어. 공공재는 우리 모두의 재산이라는 생각으로 소중하게 아껴야 해.

국민이 낸 세금은 또 어디에 쓰이고 있을까?
왕칠칠의 하루를 통해 알아보자.
ⓦ표시가 있는 건 세금이 쓰이는 곳이야!

K탐정의 **세계 탐구**

별별 일에 쓰이는 세금

나라마다 세금이 쓰이는 곳은 조금씩 달라.
하지만 국민의 생활을 더 낫게 하려는 목적은 같아.

영국은 2018년부터 '설탕세'를 걷고 있어. 설탕세는 사이다, 콜라 등 설탕이 많이 든 음료나 음식물에 추가로 매기는 세금이야. 설탕이 많이 든 음식 때문에 사람들의 건강을 해친다고 판단해서, 이런 음식에 높은 세금을 매겨 덜 사 먹게 하려는 거지. 설탕세로 거둔 세금은 학교 스포츠 시설을 짓거나 아동 및 청소년 비만 예방에 쓴대.

독일은 반려견 주인들에게 세금을 거둬. 이 세금은 '강아지세'라고 하는데, 한 마리당 일 년에 14만 원 정도야. 강아지세를 걷는 이유는 강아지들의 권리를 보장하기 위해서야. 이 세금으로 강아지들이 마음껏 뛰놀 수 있는 잔디밭을 만들고, 의료 보험을 포함한 다양한 복지 혜택을 마련한대.

관광지를 아름답게 지키는 세금

인도양에 있는 작은 섬나라 몰디브는 아름다운 바다와 해변이 자랑거리야. 하지만 수많은 관광객이 드나들면서 아름다운 자연이 망가지기 시작했지. 그래서 몰디브 정부는 2015년부터 나라를 찾는 관광객들에게 환경세를 걷고 있어. 이 세금은 관광지에서 나오는 쓰레기를 처리하는 데 쓰인대.

호수 환경을 지키는 세금

일본 야마나시현 가와구치 호수에서 낚시하려면 먼저 세금을 내야 해. 이 호수는 깨끗하고 맑은 물로 유명한데, 이런 아름다운 환경을 계속 보전하기 위해 호수에서 물고기를 잡는 사람에게 세금을 걷는 거야. 이 세금은 호수 주변의 환경을 지키고 보전하는 데 쓰여.

나라 예산이란?

일 년 동안 **나라 살림**을 할 때 쓸 돈. 또는 그 돈을 **어디에, 어떻게** 쓸지 **미리 계획**하는 것.

올해 나라 예산은 이미 지난해에 결정됐어.
그래서 다른 곳에 쓰거나 정해진 돈보다 더 많이
쓸 수 없어. 나라 예산을 어떻게 세우는지 알려 줄까?

그럼 나라 예산은 어디에서 나오냐고?
국민이 내는 세금으로 채우는 거야.
어떻게 세금을 정하고 걷는지 볼까?

그런데 우리시는 나라에서 축제 준비를 위해 받은 예산을 이미 다 써 버렸어.

걱정 마. 지금처럼 피치 못할 일이 생겼을 때 사용할 수 있는 예비비가 있거든.

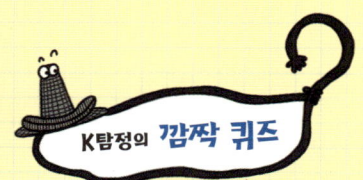

예산을 제대로 못 쓰면 혼나?

행정 부처와 자치 단체들은 우리가 용돈 기입장을 쓰는 것처럼 예산을 어디에 얼마를 썼는지 기록해. 그리고 한 해가 끝나면 그 내용을 국회에 제출해서 검사를 받아. 국회는 예산을 바르게 썼는지 심사하고 내년 예산을 계획하는 데 반영해.

예비비가 없으면 돈을 더 이상 못 써?

예비비도 다 떨어졌어요.

계획한 예산 외에 추가로 신청하는 특별한 예산도 있어. 태풍이나 지진, 산불 등 예상하지 못한 천재지변이 생기면 긴급하게 예산을 정해서 피해 입은 사람들을 위해 사용하지.

세금으로 되살아난 동물원

세금을 잘 내는 것도 중요하지만 제대로 쓰는 게 더 중요해.
세금을 올바르게 사용해 활기를 찾은 동물원 이야기를 들어 볼까?

일본 홋카이도에는 나라에서 운영하는 아사히야마 동물원이 있어.

사자가 너무 멀리 있네.

두리번

여기 재미없어.

그런데 동물원을 찾는 사람이 줄어들자, 나라에서는 동물원의 문을 닫기로 결정했어.

이 동물원을 계속 운영하는 건 세금 낭비예요.

동물원 폐쇄 통지

우리 동물원이 세금 낭비가 아니라는 걸 보여 줍시다.

동물원 사람들은 동물원을 살릴 계획을 세웠어.

동물을 코앞에서 볼 수 있게 하면 어떨까요?

그러려면 동물원 시설을 고쳐야 하는데 돈이 없어요.

계획을 잘 세워서 다시 나라에 지원을 요청해 봐요.

후~

6장
나라에서 돈을 준다고?

손큰할머니 은퇴 파티

뭐야, 할머니가 은퇴하신다고?
음, 전혀 예상하지 못했어.
영어 학원에 가신 것도 일을 그만두고
해외여행을 떠나시려는 준비였군. 그렇죠, 할머니?

앞으로 할머니 김밥
못 먹는 거예요?
토닥
토닥
제가 있잖아요.
아, 비법 노트 한 번만
보고 싶다!
톡톡!
언제 또 왔어?
할머니는 앞으로
어떻게 살지?
돈도 못 벌 텐데.
삑!
삑!
걱정 마.
그동안 저축한 돈도 있고,
나라에서 연금도
매달 나오거든.

연금? 그게 뭐예요?

오 마이 갓.
연금이 뭔지
빨리 말해 줘.

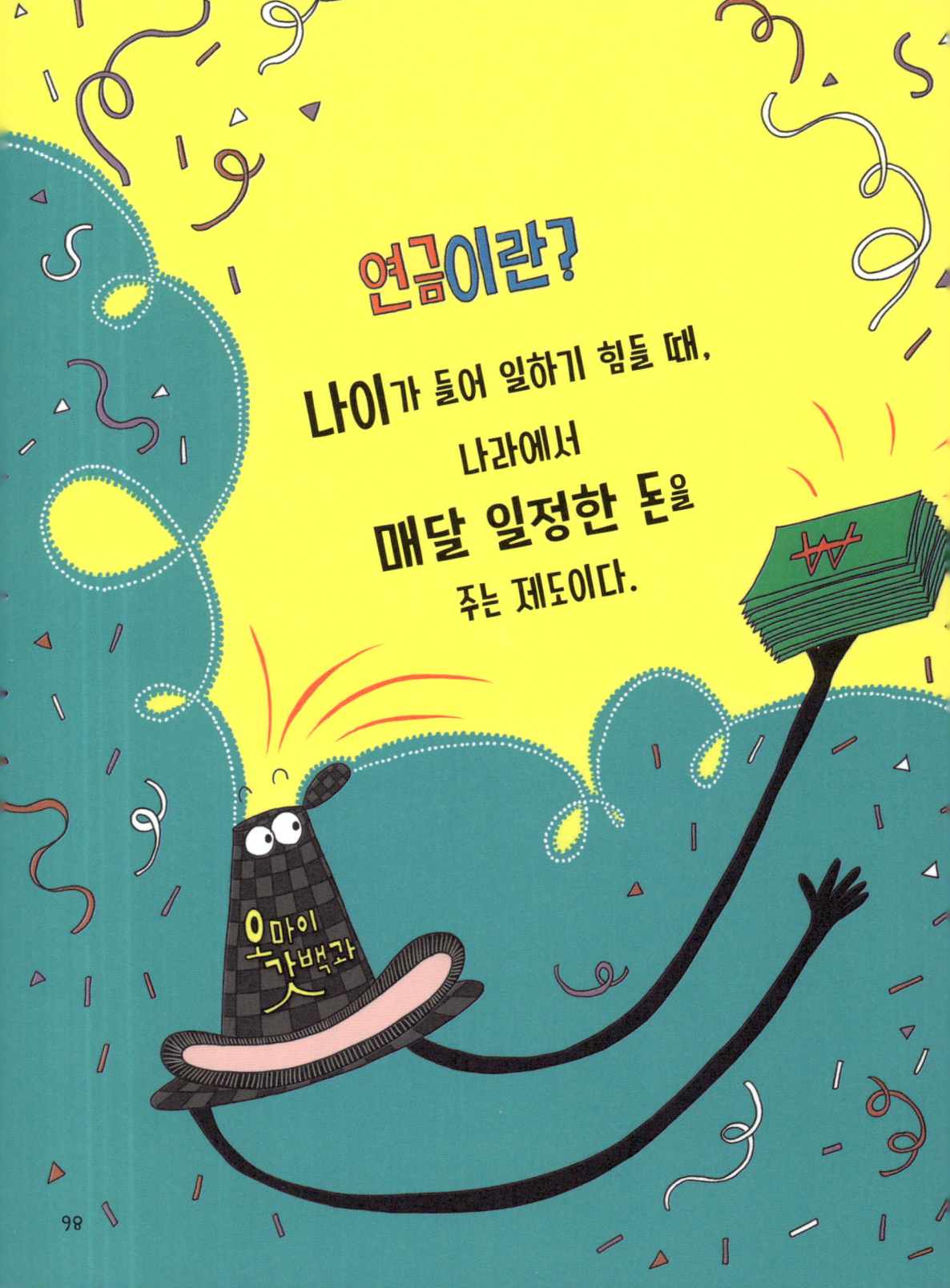

연금에는 기초 연금, 국민연금 등이 있어.

국민연금처럼 나라에 내는 돈은 또 있어.
바로 국민 건강 보험료야. 매달 재산과 수입에 따라
돈을 내면, 내 몸을 건강하게 지킬 수 있어.

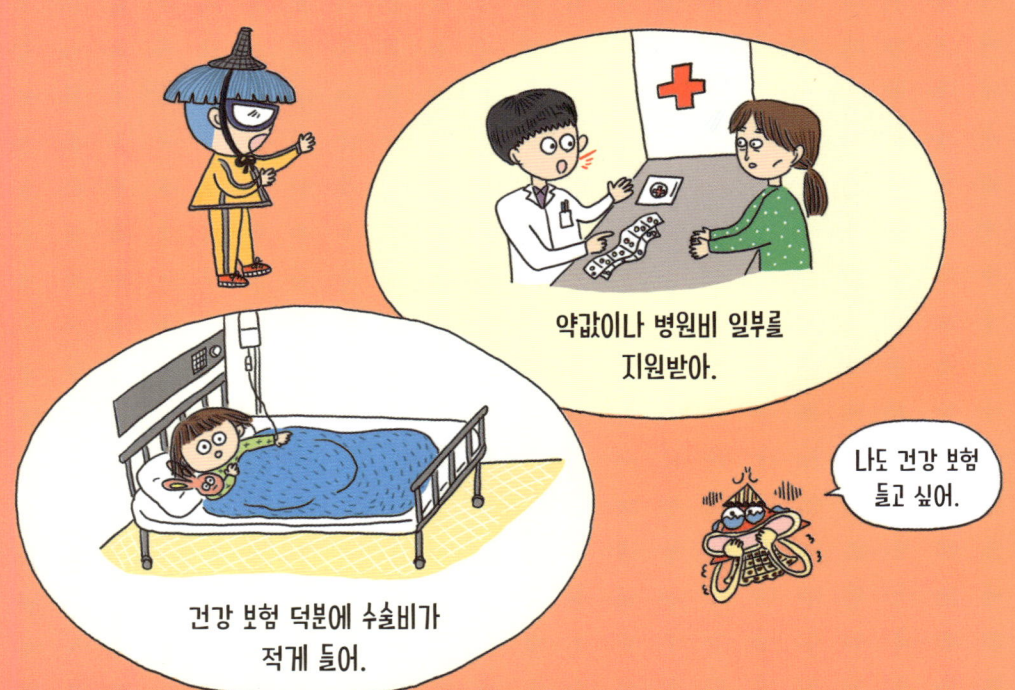

이처럼 나라는 국민이 굶거나 병들지 않고 기본적인
생활을 하도록 돕는 일을 하지. 이걸 어려운 말로
'복지 제도'라고 하고, 복지 제도를 잘 갖춘 나라를
'복지 국가'라고 해.

그럼 우리나라에 어떤 복지 제도가 있는지 알아볼까?